Originalausgabe

Gedichte über das Baby-Glück

© 2023, Mathias Bellmann
Herstellung und Verlag:
BoD – Books on Demand, Norderstedt
ISBN: 9783758301162

Danke für und an
meine Tochter

Wer war ich ohne meine Tochter? Nach nur ein paar Monaten mit ihr könnte ich nicht mehr sagen, wie mein Leben war, bevor sie geboren wurde. Alles hat sich verändert. Neben der Schlaflosigkeit hat mein Leben einen tieferen Sinn bekommen und es fühlt sich so an, als ob sie das gewesen ist, was in meinem Leben immer gefehlt hat. Jetzt bin ich vollkommen. Dafür danke ich ihr. Diese kleinen Gedichte sind auf unserer Reise durch die Schwangerschaft und nach der Geburt entstanden. Mögen sie allen jungen (und alten) Eltern Freude bereiten.

Ein wahres Wunder

Ein Paar im Sturm
Wilder Gefühle.

Zwei, die zu Dreien werden.

Ein Paar eingefangen
Von zwei Strichen.

Zwei, die ein Neues ankündigen.

Ein Paar erlebt
Das größte Wunder.

Eines, das unendlich ist.

Ein Paar verbunden
Durch die Liebe,
Bewiesen durch
Den Zeugungsakt.

Kugelrund

Kugelrunder Bauch.
Er wächst und wächst.

Ich reibe die Kugel
Und strahle.

Neue Tage eines
Alten Paares.

Neues Glück,
Denn ein Drittes
Kommt Stück für Stück
In unser Leben.

Kugelrunder Bauch.
Himmlisches Symbol.
Neue Träume weben
Vom baldigen Gebären.

Kugelrunder Bauch.
Neues Lebensglück.
Wir hoffen auf
Den baldigen Tag
Der Wundergeburt.

Hebamme

Sie ist nett
Und adrett.
Wir nervös
Und von Gefühlen
Betört.
Fragen hageln,
Aber nett verpackt.
Dann die Tests
Und sie ist
Immer noch nett.
Ich fühl mich gut
Und habe Mut.
Meine Frau ist schüchtern
Und wirkt nüchtern.

Wir lächeln
Ein bisschen verlegen.
Denn es sind
Unsere erste Schritte
Auf elterlichen Wegen.
Dann das kalte Gerät
Und der erste
Schlag des Herzens unseres Babys.

Angst

Angst.
Mit jedem Gedanken
Schwingt Angst.

Angst,
Falls mein Baby
Krank wird.

Angst,
Es nicht beschützen
Zu können.

Angst,
Vor einer missglückten
Geburt.

Angst,
Es zu vermasseln.
Angst,
Alles falsch
Zu machen.

Angst,
Als Eltern zu versagen.
Angst
Vor dieser
Unberechenbaren Welt.

Wird meine Liebe reichen,
Sie zu beschützen?

Wandel der Zeit

Die Hochzeit rückt näher
Und das Baby wird größer.

> Unser Leben wird schöner
> Und die Gefühle gehen tiefer.

Momente des Glücks küssen,
Während wir gemütlich kuscheln.

> Die Sonntage sind lang,
> Getaucht in romantischen Klang.

Die Tage wirken heller und
Unsere Herzen schlagen schneller.

> Wir sehen zurück
> Und entdecken nur Glück.

Wir sehen nach vorn:
Bald wird unser Kind geboren.

Ämtergänge

Ämter
Mal gut
Mal überfordernd
Kindergeld
Elterngeld
Stress gehemmt

Viel und
Mehr
Braucht
Ein neues
Erdenkind

Es ist
Bevor die Akte ist
Und doch ist
Die Akte sein
Passierschein

Der Bauch wächst

Ihr kleiner Bauch wächst.
Mein Glück wächst mit.

Zarte Regungen
Auf dem Ultraschall.
Zarte Regungen
In meinem Herz.

Sie träumt
Von unserem Kind.
Ich träume
Von uns dreien.

Wir sind
Zu zweit
Und werden
Bald drei.

Ihr kleiner Bauch wächst.
Unser Glück wächst mit.

Zweiter großer Ultraschall

Der Ultraschall
Offenbart
Mein neues Weltall.

Ein Mädchen
Mit unsichtbaren
Strähnchen.

Nur ein
Digitales Bild,
Das aktiv chillt.

Der Ausdruck
Aus dem Ultraschall
Kommt wieder an
Die Kühlschrankwand.

Die Ärztin lacht
Und meine Partnerin
Und ich strahlen.

Ängste

Angst:
In meiner Liebe
Wohnt Angst.

Ich habe Angst davor,
Was meinem Baby
Passieren könnte.

Ich habe Angst davor,
Dass es verletzt
Werden könnte.

Ich habe Angst davor,
Etwas falsch
Zu machen.

In meiner Liebe
Wohnt Angst.
Doch meine Liebe
Ist stärker als
Die Angst!

Valentinstag

Babyglück
Am Valentinstag!

Babyglück
Mit meinem Schatz.

Die Krönung unserer Liebe liegt
In den jungen Trieben unseres Babys.

Die Krönung unserer Leben liegt
Darin, neues Leben zu geben.

Babyglück,
Denn der Bauch wächst.

Babyglück,
Wenn es endlich soweit ist!

20. Woche

Wachstumsschmerzen
Erträgt meine Frau
Mit Herzen.

Es wächst
Und der Rücken schmerzt.

Es wächst
Und ihr wird schlecht.

Es wächst
Und die Brüste jucken.

Alles für das Kleine.
Alles aus Liebe.
Alles für unsere
Kleine Familie.

Ihre ersten Bewegungen

Ihre erste
Bewegung
Unsere erste
Gemeinsame
Begegnung

Ein energischer Tritt
In Mamas Bauch
Und ich lach
Und schnauf
Vor Vaterglück

Kleine Stöße
Meines Ungeborenen
Die pure Blöße
Der Glückseligkeit

War das die
Schönste Nacht
Meines Lebens
Ist das die Macht
Mir ewiges Glück
Zu geben?

Zehn Wochen to go

Zwischen Vorfreude und Überforderung.
Zwischen Paradies und Angst.
Es ist unglaublich.
Es scheint unglaublich.
Noch zehn Wochen dann ist es da
Und ich werde Papa.

Ich kann es nicht fassen,
Noch immer kaum glauben.
Es ist wie ein Traum
Mit einem runden Bauch.

Jetzt strampelt es schon
Und wir kaufen Wickelhosen
Und tausend Utensilien,
Um die Bedürfnisse unseres
Kindes zu befriedigen.

Es ist so nah
Und strampelt zart
In ihrem Bauch.
Es ist so wahr
Und fühlt sich zugleich
Unglaublich an.

Bald

Ihr Lächeln
Tut mich retten.

Ihre Hand
Hält mich gefangen.

Ihr Bauch wächst
Und macht mich auch fett.

Bald ist das Baby da
Und ich werde Papa.

Dann ändert sich mein Leben
Durch das Wunder neuen Lebens.

Die Windeln warten
Und ich werde wenig schlafen.

Doch das ist mein alter Traum,
Dem ich bald in die Augen schau.

Frühlingskinder

Der Frühling klopft
Und ich sehe den Klapperstorch.

Die ersten Blumen blühen
Und meine Frau glüht.

Ihr Bauch wächst,
So wie die neuen Blätter wachsen.

Unser Baby neckt im Bauch
Wie ein frischer Frühlingstraum.

In der Natur neues Leben sprießt,
Während wir den Babybauch genießen.

Das Glück ist überall
Und unser Baby bald da.

Bewölkt

Hinter uns der Omaporsche
Vor uns der Babybauch,
Der Regen hängt am Himmel,
Aber noch lässt er uns in Ruh.

Ein ganz normaler Samstag
Einer ganz normalen Kleinfamilie
In einer ganz normalen Kleinstadt
In diesem ganz normalen Land.
Nur unser Lachen ist bestechend,
Weil wir im dritten Drittel sind
Und alles gut verläuft,
Selbst wenn Ängste bleiben.

Samstagseinkauf.
Voller Wagen. Großer Bon
Und ein paar leere Flaschen
In Woche zweiunddreißig.

Herzenslast

Schwanger sein ist schwer.
Ich bin zwar nur der Kerl,
Aber ich seh, wie viel Kraft
Es sie kostet und ich hab erlebt,
Wie oft sie gekotzt hat.

Unter ihrem Herzen
Wächst ein neues Leben.
Es braucht alle Kraft
Und muss es aus ihrem
Körper nehmen.

Mit Liebe gibt meine Frau alles
Und ist schlapp und fühlt sich schwach.
Mit Liebe trägt meine Frau
Die Liebeslast.

Unser Kind wächst in ihr
Und strampelt täglich mehr.
Ich schenk ihr meine Liebe,
Doch meine Frau trägt es umher.
Sie ist ihr sicheres Nest
Und ihre ganze Welt.

Katzensprung

Ihr Herz schlägt
Und bewegt mich.

Im Bauch so klein,
Bald ist sie echt daheim.

Kurse gemacht und auch
Die Tasche gepackt.

Wir Eltern werden
Ihr Liebe vererben.

Kleine Augen kullern,
Während sie in Windeln pullern.

Ihre zarten Hände
Werden Omas Herz brechen.

Ihr süßes Lachen
Wird uns alle glücklich machen.

1850 Gramm

Fast zwei Kilogramm schwer
Ist mein neues Herz.
Ihr Name ist Lila.
Mit ihr wird mein Traum wahr.

Noch ist sie in ihrem Bauch
Und sie ruht wie der Brauch
Lange und entspannt,
Während wir gespannt
Auf den Tag warten.

Nicht Mal zehn Wochen
Bevor sie wird geboren.
Zu viel ist noch zu tun
Und ich werde unruhig.

Das Zimmer muss fertig werden.
Wir müssen Trauringe erwerben.
Und wir müssen zum Kurs
Und atmen lernen, bzw. sie,
Denn ich werde nur dabei sein,
Wenn Lila aus ihr erscheint.

In ihren Armen

In ihren Armen
Liege ich.
Bald liegt in ihren Armen
Unser neugeborenes Kind.

Ich kuschel mit ihr
Jede Nacht.
Bald kuschelt mit ihr
Die kleine Lila.

Ihre Weiblichkeit
Weckt meinen Hunger.
Bald weckt ihre Weiblichkeit
Den Durst unseres Babys.

Ihr Lächeln strahlt
Wie die Sonne am Himmel.
Bald wird sie lächelnd strahlen
Im Angesicht unseres Babys.

Sanft wiegt sie mich,
Wenn es mir schlecht geht.
Sanft wiegt sie dich
Bald geliebtes ungeborenes Baby.

Unser Mutterpass

Mutterpass
O Mutterpass
Noch bist du
Unser größter Beweis

Bald, aber bald
Halten wir sie
In Händen

Wie im König der Löwen
Werde ich sie durch
Die Luft schwenken und
Der Welt die neue Königin
Präsentieren

Mutterpass
O Mutterpass
Unerhörter Subbass
Mit der Kraft
Unser Kind zu zeigen
Und zu beweisen
Was die Zukunft bringt

Babyzeug

Tausend neue Sachen
Für das Baby kaufen.
Lauter neue Möbel
Für unsere Kleine aufbauen.

Sie ist noch nicht mal da
Und schon sind wir dabei,
Die halbe Welt für sie
Zu kaufen.

Sie ist noch nicht mal da
Und schon suche ich Spielsachen
Und Decken und lauter
Cooles Babyzeug.

Alles wird neu,
Nur mein Rücken nicht.
Denn der schmerzt, während ich
All die Möbel aufbaue
Und zusammenschraube.
Der Schweiß perlt, während ich
Versuche, ein Paradies zu schaffen
Für unsere Kleine.

Geburtstag

Kindergeburtstag.
Meine Nichte wird fünf Jahr.
Zart
Sind die Erinnerungen
An ihren ersten Tag.

Bald sind wir dran!
Unser ET naht.
Bald ist es wahr.

Sie ist fünf
Und ihre Gäste sechs.
Sie ist wild
Und die Party rockt.

Der Bauch ist rund
Und schüchtern kommen die Mädels,
Zum Streicheln angerannt.
Der Bauch ist groß
Und alle froh.

Meine Schwester entspannt,
Als alle Kids abgeholt.
Der Sektkorken knallt.
Omi hat es so gewollt.
Lachen und strahlen.
Erinnerungen prahlen.

Vorwehen

Vorwehen,
Sagt der Arzt.
Mein Herz bebt.
Ist es soweit?

Wieder hier
Zum Durchchecken.
Wieder piepst
Es im Messgerät.

Herztöne
Und Kurvendiagramm.
Der schöne
Baumstamm.

Volles Vorzimmer.
Warten auf den Arzt.
Wird es schlimmer
Mit dem Schmerz?

Es hängt viel Hektik
An einer Geburt.
Die dauernde Ungeduld,
Wann es soweit ist, wächst
Und wir fragen uns
Immer öfter, wie wird es sein
Und wird sein, was wir uns erträumen?

Verwirrt

Es krampft
Und mein Kopf dampft.
Der Arzt hat zu.
Was mach ich nu
Mit ihr, die hilflos vor mir liegt?

Sollen wir ins Krankenhaus?
Es läuft darauf hinaus.
Doch da ist noch mein Job
Und der Druck zu funktionieren.

In der Zwickmühle
Der Gefühle
Steck ich fest und
Komm nicht vom Fleck.

Ist es soweit oder
Nur wieder Schein?
Beginnt die Geburt oder
Sind es nur Übungswehen?
Wie soll ein Paar das
Richtig verstehen?

Sei es drum.
Wir müssen was tun!

?

Panik
In der Nacht.
Ist sie geplatzt?

Ph Wert blau.
Was sagt das aus?

Leichte Krämpfe
Und Schweißdämpfe.
Geht es los?

Noch regt sie sich
Im Bauch und meine Frau
Liegt im Bett.
Doch ich spüre die Unruhe,
Die im Körper meiner Frau
Umgeht.
Wird es bald geschehen?

Die letzten Tage

Ihre kleinen Füße
Hinter der Bauchdecke.
Ihre sanften Bewegungen
Ungesehen, doch gespürt.

Der Bauch wird runder
Und sie munterer.
Jeder Tag ist aktiver
Und verspielter
Im Bauch meiner Frau.

Wir warten und zählen
Die Wochen und Tage.
Wir sind bereit
Für die große Zeit.

Bald ist der Moment da.
Wir können es kaum abwarten.
Bald werde ich Papa
Und ein kleines Baby Tochter.

Wann genau? Wir wissen es nicht,
Aber wir spüren, wie sie wächst
Und immer lebhafter wird.

Wartend

Ungeduld
In allen Ritzen.
Im. Bett. Im. Kissen.
Im. Bauch.

Wann?
Ja, wann
Fängt es an?

Wann platzt
Die Fruchtblase?
Wann startet
Der finale Tag?

Ungeduld.
Unruhiges warten.
Ruhelos
An jedem weiteren Tag.

Väter

Väter wollen,
Aber wissen nicht wie,
Denn sie werden nicht
Zu Vätern sozialisiert.

Frauen erwarten
Von Frauen, dass sie
Wissen, was zu tun,
Also lernen sie instinktiv.

Nur der Vater
In der modernen Welt
Ist noch immer
Ein dunkler Kelch.

Langsam,
Zu langsam
Ändert sich die Welt.

Männer entdecken
Ihre Weichheit und
Ihre Sensibilität.

Tage zählen

Wir platzen
Wegen unseres Schatzes.

Noch lässt sie sich Zeit.
Wann ist es soweit?

Wir warten
Jeden Tag.

Wir glauben
An diesen Traum.

Die Tasche gepackt.
Alles fertig gemacht.

Wir sind allzeit bereit
Für den Kreiß-
Saal.

Alle warten

Alles?
Was alles?
Alles!

Tausend!
Tausend Fragen.
Welche Antworten
Fehlen noch?

Bin ich bereit?
Sind wir bereit?

Frauenarzt sagt alles gut.
Das Krankenhaus ist gut.
Uns geht es gut und
Das Kind ist sehr aktiv.

Der Bauch wächst
Und streckt sich
Immer mehr.

Drei Kilo.
Zwei Eltern.
Ein Baby.

Fast vierzig

Neununddreißig.
Wochen ziehen sich.
Vor Ungeduld platze ich
Fast.

Unser Baby ist aktiv
Und sehr lebendig.
Wir sind glücklich
Und allzeit bereit.

Hebamme. Arzt.
Krankenhaus. Tasche.
Alles geplant?

Unterlagen
Vertage ich seit Tagen.
Ich vertrage es nicht.
Mein Kopf denkt nur
An die Geburt.

Ambulanz

Krankenwagen.
Ambulanz.
Zwei Uhr nachts.

Der Blasensprung
Kam unerwartet
Mitten in der Nacht.

Jetzt sind wir hier
Und meine Frau liegt
Und wir warten,
Was passiert.

Das erste Kind,
Fragen alle und lächeln.
Ja, das erste Kind:
Alles ist neu
Und unerwartet.

Der erste Tag

Es ist wahr:
Das ist ihr erster Tag.

Noch ist sie im Brutkasten,
Aber sie kann mich
Schon ertasten.

Noch wird ihr Puls gemessen,
Doch sie beginnt bereits,
Fleißig zu essen.

Sie ist zart
Und zuckersüß.
War die Geburt auch hart:
Wir haben uns sofort
In sie verliebt.

Rhythmus

Schlaflosigkeit
In der Stillzeit.
Ihr erstes Lachen
Ist besser als Schlafsachen.
Immerzu wach.

Für meinen kleinen Schatz.
Einen Gute Nacht Kuss
Ohne richtigen Rhythmus.
Müde Tag und Nacht.
Mit offenen Augen schlafen.
Windel wechseln und
Frühstück drechseln.

Babysachen
Ständig waschen.
Dünner Stuhl.
Muttermilchnatur.
Trotzdem lächeln
Und niemals schwächeln.

Allzeit bereit

Stillzeit.
Zwei Nippel sind
Allzeit bereit und
Warten nur auf das Geschrei.

Sie saugt
Und braucht
Den ganzen Vorrat auf.

Erst sind sie prall,
Dann wieder schlaff.
Zwei Brüste
Wie süße Küsse
Geben milchige Liebe.

Stillzeit
Zu jeder Zeit.
Wir sind immer bereit,
Sobald ihr Geschrei
Uns weckt.

Überfordert?

Niemand sagt dir etwas
Von den Nippelschmerzen.
Niemand sagt dir etwas
Von der Angst, wenn sie weint.
Niemand sagt dir etwas
Von den Sorgen, wenn die
Temperatur nur ein wenig
Zu hoch ist.

Alle erzählen dir
Von den schlaflosen Nächten,
Aber wissen sie,
Wie es sich wirklich anfühlt?
Alle erzählen dir vom
Windeln wechseln und Spucken,
Aber wie geht man langfristig
Mit dem neuen Stress um?

Das Baby ist da.
Alles ist wunderbar.
Die andere Seite ist
Der neue Stress,
Mit dem wir gerade erst
Umgehen lernen müssen.

Schlaflos

Schlaflose Nächte.
Babydecke.
Stillen.
Brüllen.

Jede:r sagt es dir,
Aber du fühlst
Es erst in dir,
Wenn die schlaflosen
Nächte echt sind.

Rotes Schreigesicht.
Elterliche Pflicht.
Stillrhythmus.
Gute Nachtkuss.

Liebe

Liebe findet Wege.
Unsere Liebe fand
Den Weg über Kontinente.

Unser Baby
Ist der Beweis.
Unsere Liebe
War der Preis.

Liebe gebiert.
Liebe erschafft
Die neue Welt.

Zwei kleine Füße.
Zwei kleine Hände
Und ein süßes Gesicht,
Das ist das Gesicht
Unserer lebendigen Liebe.

Zuhause

Wir sind zurück
Zu dritt.
Wir gingen
Als zwei.
Alles ist neu.

Sie lacht.
Sie weint.
Sie saugt
Und scheißt.

Wir tun alles,
Was wir können,
Doch überschattet
Vom Gefühl der Unsicherheit.
Denn sie ist zart.
Sie ist klein und zuckersüß
Und wir wollen nichts,
Aber auch gar nichts
Falsch machen.
Aber wie sollte das
Möglich sein?

Stillen

Das Leben nähren.
Die Brust geben.

Wir alle nehmen
Das neue Leben
Mit den Brustwarzen auf.
Wir alle leben
Von der Mutter Leben
Im ewigen Kreislauf.

Mit der Brust
Das Leben nähren
Und Liebe geben.

Sie ist klein.
Sie ist zart.
Sie ist wunderbar
Und sie saugt.

Gefahr?

Augen, Ohren, Nase,
Alles dran.
Die Kinderärzte sagen,
Alles ist wunderbar.

Aber kein ein echtes
Elternteil kann sich jemals entspannen
Und nicht ängstlich jede Regung
Beobachten!

Ein Niesen, ein Husten,
Eine rote Stelle, da abgepellte
Haut und und und ...

Wir denken immerzu,
Es könnte etwas sein.
Wir kommen nie zur Ruh,
Weil wir immer alles im Aug'
Haben müssen.

Schreiend

Ein Wunder.
Fast durchgeschlafen.
Ein Wunder.
Nur einmal war sie wach.
Ein Wunder.
Zum Stillen an Mamas Brust.

Wenn sie schreit,
Kocht mein Geist
Und mir wird heiß.
Fragen hämmern:
Was ist der Grund
Für ihr Geschrei?
Bin ich schuld?
Sind wir schlechte Eltern
Oder liebt sie uns nicht?

Wie ein Karussell
Nur viel zu schnell
Dreht sich mein Geist.
Viel zu laut
Kommt das Geschrei
Aus ihrem Mund raus.

Träumerin

Können Babys träumen?
Ich wusste es nicht,
Denn wovon auch.

Doch sie träumt.
Gerade bäumt
Sich ihr Körper auf,
Als ob sie vor etwas
Wegläuft.

Was sieht sie
In ihrer Fantasie?
Was geschieht
In ihrem Traumland?

Sie zappelt
Und schläft.
Sie macht wilde
Geräusche, während
Sie tief und fest schläft.

Sie träumt kein Zweifel.
Ich träume auch.
Doch mein Traum ist wahr.
Denn sie ist mein Traum:
Mein Traumkind!

Vereint

Drei Generationen.
Drei Frauen und
Ein Mann.

Familie.
Gefühle
Der Untrennbarkeit
Und Verbundenheit.

Familie.
Ort der Herzen.
Hort alter Werte.

Familie
Mit Baby.
Familie
Mit Zukunft.

Regenguss

Mitten auf dem Weg
Setzt der Regen ein.
Kein Schirm aber einen
Kinderwagen dabei.

Graus O Graus
Was mach ich nur?
Mein Baby wird nass
Auf weiter Flur.

Schnell flüchte ich
In Omas Haus.
Das ist aus Stein gebaut
Und nicht aus Zucker
Wie meine kleine Maus.

Oma freut sich sehr
Und fragt, wo kommt
Ihr denn her?
Dann ist sie ganz beim Kind
Und ich vergessen
Wie der Wind.
Mir ist es recht,
So kann ich echt
Entspannen.

Frühs

Früh:
Noch ist es frisch,
Aber es wird langsam heißer.

Wir sehen nur Leute
Mit Hunden und
Kinderwagen so wie wir.

Es ist früh.
Die Stadt schläft.
Die Straße sitzt
Am Frühstückstisch.
Nur wir sind schon
Unterwegs ein paar
Runden drehen.

Erst Mamas Brust,
Dann geschwind
Den Wagen geschnappt
Und raus in die Stadt,
Damit mein Baby etwas
Frische Luft hat.
Außerdem kann sie beim
Rollen so gut schlafen.

Kleiner Engel

Endlich schläft der kleine Engel.
Eine Nacht voll Geschrei.
Eine Nacht voller Windeln.

Unser Schlaf
Wird immer kürzer.
Doch unser Herz
Wird immer größer.
Deshalb stört es uns nicht,
Dass jeder Rhythmus
Weggebrochen ist.

Sie schläft und träumt.
Davon habe ich
Stundenlang geträumt,
Als sie sich immer
Wieder schreiend aufgebäumt.
Jetzt ist es schön
Wie im Paradies und
Unser kleiner Engel schläft.

Kinderwagen

An heißen
Und kalten Tagen
Im Kinderwagen.

Easy laufen,
Sich cool umschauen
Und ihr beim Schlafen
Zuschauen.

Ich wollte ein buntes Modell,
Aber meine Frau wollte grau.
Egal, er fährt schnell
Und sieht gut aus.

Unser kleiner Wagen
Darf unsern Engel tragen,
Während wir gemütlich
Hinterhertraben.

Kleiner Fisch

Das erste Bad.
Ganz nass.
38 Grad hat
Die Hebamme gesagt.

Wir aufgeregt.
Sie verwirrt,
Was hier passiert.

Kleine Wanne,
Angst vor einer
Panne.

Sicherheit geht vor
Singen alle Eltern
Im Chor!

Waschlappen,
Babylappen,
Happy End,
Bis sie rausmuss,
In die kalte
Trockene Welt.

Positionen zum Beruhigen

Im Arm.
Mal schlafend.
Mal schreiend.

Wiegen,
Um sie zum
Einschlafen zu
Kriegen.

Kuschelnd
Mit dem Nuckel.

Küssend
Wie ein Dussel.

Auf dem Schoss
Bis sie schläft.
Auf dem Bauch:
Ich schlaf auch.

Flasche am Morgen ohne Sorgen

Der Morgen ruft.
Das Baby schreit:
Es ist Windelwechselzeit.

Mama hat abgepumpt
Und ich die Zeit getunkt
Und bin jetzt wach,
Aber müde und verschlafen.

Schlafrhythmus war sowieso
Eine Illusion.
Wir sind wach,
Sobald der Krach
Des Babys uns ruft.

Der ganze Tag
Ist neu getaktet
Nach den Bedürfnissen
Der geliebten Brut.

Das ist unser neues Leben
Und es ist schön,
Dennoch vermisse ich
Mein Bett und die Decke
Und das Wochenende
Mit Müßiggang.

Behördenirrsinn

Kennst du den Stress
Des Behördenweges?

Elterngeld startet nicht
Weil ein kleiner Zettel fehlt
Aber das Kind isst
Und wächst und dafür
Brauchen wir Geld
Auf das wir einen
Anspruch haben

Also rennen und warten
Alles zusammentragen

Wieder ist es ihnen nicht genug
Obwohl es eigentlich reichen tut
Aber sie wollen es ganz genau
Aber fragen nicht
Was unser Kind braucht
Sie sind in allem überkorrekt

Scheißt drauf und
Seid einfach zu
Unserem Kind nett

Brust oder Flasche?

Flasche oder Brust:
Beides ist ihr gut genug.

Wenn sie saugt,
Dann saugt sie
Und sie hat einen
Krassen Sog drauf.

Wenn sie hungrig ist,
Dann schreit sie,
Als ob es keinen
Morgen gibt.

Aber wenn ihr
Kleiner Bauch voll ist,
Schläft sie geschwind
Wie das glücklichste Kind.

Sorgen

Die Sorgen junger Eltern
Reichen von Pickeln
Bis zum Weltfrieden.

Wir setzen unsere Kinder
In diese Welt und für sie
Sind wir erst einmal der Held.
Doch die Welt ist instabil
Und mehr und mehr fragil.

Wir sorgen uns um ihre Haut,
Die Zähne und die Verdauung.
Wir fragen uns, wie wir das
Alles finanzieren und wann wir
In eine größere Wohnung einziehen?

Alles schwirrt uns durch den Kopf
Wegen dieses kleinen Geschöpfs.
Alles geht uns plötzlich etwas an,
Und jede Nachricht zieht uns in den Bann,
Weil wir uns fragen, was bedeutet das
Für mein Kind und wie mach ich,
Dass es sicher ist.

Babykratie

Tausend Sachen.
Tausend Anträge.
Unsere Köpfe rauchen.

Wenn ein Baby kommt,
Dann ist es nicht nur da.
Wenn das Baby kommt,
Wartet die Bürokratie.

Wir kämpfen uns durch
Den Dschungel der Anträge.
Wir organisieren die
Tausend Termine.

Krankenkasse, Elterngeld,
Kindergeld, Kinderarzt
Und viele andere Sachen,
Von denen wir keine
Ahnung haben.

Was muss das muss.
Also sind wir fleißig
Bis zum Schluss.

U3

U eins und zwei und drei

Untersuchung
Mit Geschrei
Aber der abschließenden
Gewissheit.

Alles ist gut,
Sie ist gesund
Und wächst.
Nur im Bauch
Hat sich Luft angestaut,
Weswegen sie oft weint.

Die Kinderärztin ist nett,
Sogar adrett.
Die Schwestern sind lieb.
Alles gut in dieser Praxis.
Sie ist unser neuer Dauerweg,
Denn Untersuchung und Impfungen
Werden ein Dauerding.

Erstes Fazit

Nach dem ersten Monat
Stell ich fest:
Kriegst du fünf Stunden am Stück
Schlaf, hast du großes Glück.

Müdigkeit sitzt in allen Knochen
Und wir müssen die Milch
Im Wasserbad heiß kochen.

Sie ist ein Traum
Und im Schlaf schön
Anzuschauen.

Doch wir werden schwach
Und die Nerven liegen flach,
Wenn sie schreit und schreit.

Ein Monat:
Erstes Resümee:
Es ist wunderschön!
(und schlaflos)

Schmerzen

Wochenbett
Ist härter, als
Mann denkt

Blut strömt
Und die geliebte
Frau stöhnt

Verstopfungen
Lassen die Wunde
Heiß kochen

Es heilt
Während zu viel
Zeit verstreicht

Viele Männer glauben
Es ist leicht für Frauen
Doch Wochenbett stresst

Baby im Arm

Baby im Arm
Nach dem Schrei-Alarm.

Windel wechseln
Vor dem Essen
Und selbstverständlich danach,
Eigentlich den ganzen Tag.

Wenig Schlaf
In jeder Nacht,
Denn sie erwacht,
Sobald sie Hunger hat.

Gerade schläft sie.
Das ist unser kleiner Sieg,
Denn wir haben sie
Mit viel Mühe ruhig gekriegt.

Die Spieluhr trällert.
Mit ihr schläft sie schneller
Ein und fliegt ins
Traumreich.

Neuer Job

Geschrei
Und Kackerei:
Das brachte
Der erste Monat.

Müdigkeit
Und Schlaflosigkeit
Prägen unseren
Neuen Alltag.

Das Baby
Ist unser Zentrum.
Das ist gut,
Aber kostet Energie.

Eltern sein
Ist ein rund um die Uhr Job.
Eltern sein ist hart
Und Eltern sein ist toll.
Der beste Traumjob der Welt.

Müdigkeit

Schlaf ich schon?
Diese Frage dröhnt
In meinem Kopf.
Die Antwort ist:
Ich weiß es nicht.

Der Schlafrhythmus kaputt,
Stück für Stück
Löst sich das Tageslicht
Aus meinem Bewusstsein.

Es ist so krass,
Wie sehr das Baby
Unsern Tag bestimmt.
Es ist so hart,
Wie sehr die Müdigkeit
In meinen Knochen steckt.

Schiene frei! Eisenbahn

Die erste Reise
Mit Kind.
Ab jetzt fahren
Wir zu dritt.

Der Koffer ist dick
Und Mama schick.
Ich bin nervös
Und ein wenig aufgelöst.

Das Wetter passt
Noch. Werden wir nass?
Das Ziel ist klar,
Es wird eine große Party.

Gerade hat sie Schluckauf
Und wartet drauf, auf
Den Arm genommen zu werden.
Doch wir strudeln hektisch
Und ein wenig planlos
Um den dicken Koffer herum.

Party

Ihre erste Party
Bei Tante und Cousine,
Onkel grillt vegane Aubergine.

Ihr erster Trip
Quer durch Berlin
Ans andere Ende
Des Speckgürtels.

Viele Leute
Aus der ganzen Republik.
Viele Spiele
Und eine Siegerehrung.

Zwischendurch Baby streicheln,
Kuscheln und bewundern.
Tausende Hände gratulieren
Und Münder beglückwünschen.

Dann ist es geschafft
Und ich liege flach
Nach der letzten Windel
Und einem Tag das Baby
Durch die Gegend schleppen.

Jede Nacht

Nachts,
Wenn andere schlafen,
Tun frische Eltern
Windeln wechseln.

Nachts,
Wenn andere schlafen,
Tun frische Eltern
Mit der Brust stillen.

Nachts,
Wenn andere schlafen,
Tun frische Eltern
Abpumpen.

Nachts,
Wenn andere schlafen,
Tun junge Eltern
Ihre Kids beruhigen.

Tag und Nacht
Sind junge Eltern
Für ihren Nachwuchs da.

Ihre erste Party

Die erste Reise
Und alle strahlen.
Diese kleine Meise
Lässt sie lachen.

Jeder freut sich
Über unser Kind
Und das wir gesund
Und glücklich sind.

Eine Party im Garten
Mit vielen Spielen.
Ein Buffet zum Laben
Und sich amüsieren.

Ein bisschen Familie
Und neue Freunde.
Ein paar Spiele
Und große Pokale.
Kinder und Erwachsene.
Babys, Hund und Pferde.

Kreischen

Stundenlang.
Tagelang.

Sie weint
Und schreit
Und niemand weiß
Warum!

Sie gaben uns was
Gegen Blähungen.
Wir streicheln und
Tätscheln sie.
Sie bekommt so viel
Muttermilch, wie sie will.

Nichts hilft!
Sie schreit und schreit
Und weint und weint.

Die Nerven liegen blank.
Zweifel wachsen.
Plötzlich schläft sie ein
Und es ist wieder das Paradies
Mit ihr.

Ohne Pause

Windeln
Sind unsere neue Welt.

Alles dreht sich
Um die Muttermilch.

Jede Sekunde Schlaf
Ist kostbar.

Alles für ein Lächeln
Unseres kleine Engels.

Die Flasche wärmen,
Um sie zu ernähren.

Den Wagen starten
Und schieben im Garten.

Unser ganzes Leben
Gehört jetzt ihr.
Meine Frau nennt
Sie schon Boss.
Doch es ist Liebe
In unseren Seelen.

Zu zweit

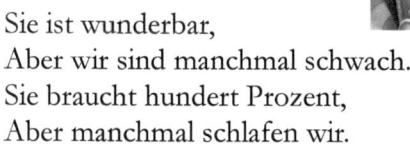

Wir leben in den Phasen,
In denen sie schläft.
Ist sie wach, gehört
Jeder unserer Atemzüge ihr.

Sie ist wunderbar,
Aber wir sind manchmal schwach.
Sie braucht hundert Prozent,
Aber manchmal schlafen wir.

Unser Baby ist ein Traum,
Nur manchmal bin ich so müde,
Dass mir die Augen zufallen.

Unser Baby ist ein wahrer Schatz,
Nur manchmal fehlt mir die Kraft,
Dann bin ich froh,
Dass ich eine Partnerin hab.

Idylle

Drei Generationen
Am Gartentisch
Im Schatten
Während die Sonne scheint
Papa schleckt Eis
Mama scrollt und
Oma hat sich das Baby geschnappt

Schlichte Momente
Reinen Glücks
Im alten elterlichen Haus

Sonntag ist sonnig
Und Baby ruhig
Nur ein bisschen Dünnpfiff
Hatte sie aber haben die
Windeln mehrfach gewechselt

Heim im Paradies
Sonnenschein
Das Glück vereint

Sie weint

Ihr Lächeln
Und ihr Geschrei
Sind wie Feuer
Und Eis

Ich liebe sie
Immerzu
Doch wenn sie
Schreit packt
Mich das Leid

Denn ich weiß
Nicht warum
Ich kenne nicht
Den Grund
Weswegen sie weint
Und pausenlos schreit

Ich will helfen
Und sie lachen sehen
Ich will sie verstehen
Und sie mit Liebe
Ernähren

Träumerin

Sie träumt die ganze Nacht
Und rekelt sich im Schlaf.

Ich habe mich gefragt,
Wie viel sie schon versteht
Und was in ihrem Kopf vorgeht.

Sie ist sechs Wochen alt.
Was passiert da in ihrem Geist?

Versteht sie, das sie ist?
Sieht sie, dass wir täglich
Dieselben sind?
Oder ist sie wie eine Fliege,
Die alles vergisst?

Wie auch immer;
Ich liebe sie und
Werde niemals müde,
Sie im Schlaf anzusehen.

Neue Babytrage

Erst die neue Babytrage
Brachte wieder entspannte Tage,
Nachdem nichts mehr half
Und sie wie am Stück schrie.

Jetzt hängt sie da
Und ist ganz nah.
Sie schläft ganz fein
Und lässt das Schreien.

Wie lange es diesmal hilft?
Wir wissen es nicht.
Denn manchmal hilft nichts
Und sie schreit, als ob
Es keinen Morgen gibt.

Aber ich will nicht
An Morgen denken.
Ich will einfach nur
Den Moment genießen,
Wie sie an mir liegt
In diesem Babystil
Und ruhig und friedlich
Vor sich hin schläft.

Papierbabys

Anträge.
Ämter.
Das erwartet
Junge Eltern.

Kindergeld.
Elterngeld.
Krankenkasse.
Auch mal Wohngeld checken,
Schließlich ist das Elterngeld knapp.

Papier und
Bürokratie.
Hinterher telefonieren
Und vor verschlossenen Türen
Stehen.

Ein Kind ist
Auch Papier.
Seit ihrem erstem Atemzug
Rattert die Bürokratie.
Sie hat schon eine
Steuernummer und eine Chipkarte,
Kann jedoch noch nicht mal Papa sagen.

Schwesterliches Geschenk

Babytrage
Ist grad das Wahre,
Seitdem sie
Im Kinderwagen schreit.

Der Rücken
Muss kurz buckeln,
Aber eigentlich ist
Es kinderleicht.

Es ist Top,
Selbst im Wetterflop.
Denn grad wurden wir nass,
Doch Baby hat weitergeschlafen.

Es ist praktisch
Und Baby wird quadratisch.
Denn mit dem Einkaufskorb
In der Hand können
Wir alles besorgen.

Feenstaub

Ihr Lächeln ist ein Gedicht
Aus einem Märchen
Gesprochen von Feen.

Ihre Augen sind ein Traum
Aus tausend und einer Nacht
Mit der Schönheit des Wüstensands.

Ihre Haut ist wie der Schnee,
Der im Winter fällt und
Die Kinder nach draußen treibt.

Ihre ersten Geräusche
Sind wie das Zwitschern
Exotischer Vögel im Dschungel.

Ihr Haar ist wie der Schleier
Einer heiligen Jungfrau
Aus der unendlichen Geschichte.

Tausend Lächeln

Ihr Lächeln
Ist bestechend.

Jeden Tag lacht
Sie mehr.

Jedes mal springt
Mein Herz.

Diese kleinen Geräusche
Beim Lachen sind putzig.

Sie lacht und
Wir lachen.

Sie ist glücklich.
Das ist unser Glück.

Kindlein

Müdigkeit kreist
Ihr Lächeln heilt

Langsam wird es mehr
Und ich trage sie umher

Heute ist Dünnpfifftag,
Doch wir haben es sauber gemacht

Zwei Kinderwagen
Nur einer zum Fahren

Besser die Babytrage
Für die ruhigen Tage

Ihr gesunder Appetit
Ist unser Interessengebiet

Sie isst immer
Und wird dicker

Sie lacht nach
Jedem Mahl

ML

Mein Juwel.
Mein Sonnenschein.
Mein blauer Ozean.

Deine braunen Augen schauen
Und rauben mir den Verstand,
Denn du bist das schönste Geschenk.

Deine dunklen Locken
Entlocken mir ein Wohlgefühl
Wie ein schöner Wald
Mit frischer, reiner Luft.

Deine kleine Kraft
Macht mich schwach,
Wenn ich sehe, wie schnell du wächst.

Du bist mein Wonneproppen,
Auf den ich gehofft
Mein Leben lang.

Meine Augen.
Mein Herz.
Das Licht meines Lebens.

Wochenbett

Wochenbett
Ist härter, als
Die Männerwelt denkt.

Der leere Leib
Und der runde Bauch.
Die Narben
Und das Blut.

Frauen leiden
Doppelt.
Erst die Geburt,
Dann die Wochen
Des Blutes.

Wochenbett
Ist nicht adrett.
Wochenbett
Ist fett unangenehm.
Doch junge Mütter
Haben keine Wahl.
Für ihre Kids
Müssen sie stark
Sein.

Sie lebt!

Wenn sie lacht,
Lacht mein Herz.
Wenn sie weint,
Dann will mein Herz
Laut schreien.

Wenn sie strampelt,
Will ich tanzen.
Wenn sie furzt,
Dann grunze ich.

Wenn sie trinkt,
Will ich singen.
Wenn sie schaut,
Will ich der Welt
Dank ihr vertrauen.

Wenn sie schläft,
Dann sehe ich
Unseren Weg.
Wenn sie mich ansieht,
Bin ich verliebt.

Ihre liebevolle Macht

Ihr Lächeln
Kann meine Welt retten.

Wenn sie mit ihren
Kleinen Fingern zugreift,
Dann ergreift sie
Unsere neue Zeit.

Denn mit ihr
Sind wir Familie.
Vorher waren wir
Ein glückliches Paar,
Erst dank ihr ist wahr,
Was ich im Traume sah
So viele Jahr.

Sie ist mein Engel
Und mein Sonnenschein.
Sie ist meine Wende
Und führt mich heim.
Sie ist der Traum,
Den ich geschaut.
Sie ist das Leben,
Welches mir gegeben.

Ich war allein,
Mit ihr werd ich es
Nimmermehr sein.

Sippe

Kleine Träume
Große Räume
Im Herzen
Mit Familienwerten

Tiefer Sinn
Weckt das Kind
Echte Liebe
Eint die Familie

Samen
Des Wahren
Echte Schwüre
Mit Familiengefühlen

Ein langer Tag
Voll von Dank
Mit vielen Kids
Quer durch Berlin

Unser Baby dabei
Fast ohne Geschrei
Alles Familie
Voll in Harmonie

Berlin

Städte-Trip
Mit Kind.

Nicht geplant:
Der Regentag.

Plastikplane
Übern Wagen
Und los geht's.

Familie ist da
Aus dem Ausland
Und will Berlin
Erleben.

Millionen Dinge
Gibt es
In der Hauptstadt.

Mit dabei
Babygeschrei
Und das Gefühl,
Eine echte Sippe
Zu sein.

babyfon

Kleine Züge
Verraten ihre Flügel
Kleine Grübchen
Sieht die Mama

Kleine Augen
Große Herzen
Ihr Lächeln erobert
Die Welt im Sturm

Wonneproppen
Kleine Locken
Sonnenschein
Mein und dein

Pausbäckchen
Ein paar Fleckchen
Lange Nacht
Wenig Schlaf

Kaum da
Als ob es immer so war
Das Babyglück
Ein Meisterstück

Ein Kind der Liebe

Liebe
War im Spiel,
Als wir sie zeugten.
Liebe
Ist die Kraft
Ihres Lebens.

Sie ist
Ein Kind der Liebe
Und wird es immer sein.
Liebe ist
Ihre Quelle, ihr Ursprung
Und die Wahrheit
Ihres ganzen Daseins.

Geboren
Aus Liebe.
Geboren
Mit Liebe.
Geboren,
Um zu lieben.

Unser Tag

Zweimal ja
Und schon ein Ehepaar.
Zwei Herzen klingen
Mit goldenen Ringen.

Das Kind lacht mit
Im größten Glück.
Paar plus Kind,
Ein riesiger Gewinn.

Die Familie dabei
Und Babybrei.
Freunde feiern
Und Kinder tanzen.

Ein Tag wie dieser
Kennt nur Sieger.
Ein Leben der Liebe
Mit Babywiege.

Viele Hände

Familie kümmert sich
Wie einst um mich
Um das neue Lebenslicht
In unserm Kreise

Wir sind gemein-
Sam und vereint
Ein Band im
Lauf der Zeit

Durch viele Hände
Und in tausend Gewände
Wird mein Baby gereicht
Das ist der Brauch
In dem wir getauft

Wir sind hier
Und wir sind viele
Wir haben die Liebe
Einer Familie

Omas

Omas
Sind Gold wert.
Opas
Wahrscheinlich auch,
Haben aber nur Omas.

Oma hilft.
Oma weiß.
Oma fängt auf.

Omas Sofa
Zum Windeln wechseln.
Omas Haus
Zum Auftanken.
Omas Garten
Zum Chillen.

Dank
An Oma
Für alles!

Hochzeit mit Baby

Wir heiraten
Ungeplant mit einem Baby.
Wir wollten,
Weil wir uns liebten.
Erst dann kam sie
Und bewies,
Sie ist ein Baby
Wahrer Liebe.

Kleid. Anzug.
Nuckel.
Musik. Essen.
Kindersitz.

Eine Hochzeit
Ist auch Stress.
Alles muss
Organisiert werden
Und zugleich
Das Baby umsorgt werden.

Ringe. Freunde.
Windeln.
Familie. Liebe
Und wiegen.

Nur eine wird nicht müde

Schlafen
Soll sie.
Schlafen
Tun wir.
Allerdings
Stehend im Gehen,
Während wir sie
Abwechselnd auf unseren Armen
Durch die Gegend
Kutschieren.

Anfangs war
Es leicht.
Sie schlief einfach ein.
Aber irgendwie ist das vorbei
Und jeden Tag wird es schwerer,
Sie zum Schlafen zu kriegen.
So schlafen nur wir
Mit offenen Augen,
Während wir sie
Auf den Händen jonglieren.

Magische Fähigkeiten

Stille
Beim Stillen,
Weil es sonst nichts gibt,
Was die Stille zurückbringt.

Sie kann schreien
Wie eine Weltmeisterin.
Sie kann weinen
Und dabei feuerrot anlaufen.

Wir probieren alles
Und studieren jede ihrer Gesten.
Wir verstehen das Geheimnis nicht,
So dass am Ende nur Muttermilch hilft.

Jetzt trinkt sie
Still und leise.
Glücklich strahlt ihr kleines Gesicht
Und wirkt wie ein Gedicht,
Dass kein Wässerchen trüben kann
Und schon gar nicht
Ein ganzes Haus zusammenschreien kann.

Familie in Harmonie

Liebe und
Familie

Ein Baby
Mit Segen

Träume
Schaffen Räume

Wahrheit
Wird endlich heil

Ihre Augen
Suchend schauen

Ihr Lächeln
Erweckt

Mein Leben ist
Endlich wunderschön

Tragetier

Sie tragen
An den guten, schweren
Und müden Tagen.

Immerzu muss ich
Sie tragen,
Denn nur so
Will sie schlafen.

Also trage
Ich sie Tag und Nacht,
Bis der Schlaf
Ihre Äuglein schließt
Und ich erschöpft
Danebenlieg.

Der Morgen kommt
Und wieder trage
Ich sie bis zum Schlafen.

Liebe über alles

Verquollene Augen.
Sabberfäden an den Lippen.
Dünnschiss, der an den Hosen
Rauskommt: nichts
Kann meine Liebe für sie stoppen.

Ich liebe sie,
Obwohl ich kaum noch Schlaf kriege.
Ich liebe sie,
Auch wenn ich merke,
Wie Arme und Füße lahm werden
Vom Tragen.
Ich liebe sie,
Auch wenn nicht sicher ist,
Wie ich unsere Leben ab jetzt finanziere.
Ich liebe sie
Gegen alle Widerstände der Welt.

Sie schläft, ich wache.
Sie weint, ich streichle.
Sie scheißt, ich wechsle.
Sie träumt, ich atme.

Ich bin nicht mehr nur ich,
Weil sie ab jetzt ein Teil
Von mir ist.

Harmonische Schmetterlinge

Zwei Schnarchnasen,
Die schlafend grasen
Und ich leg mich dazu
Und bin vereint.

Meine kleine Familie
Lebt in tiefer Harmonie.
Selbst meine Schwester
Hat das anerkennend festgestellt.

Wir sind ein Team
Und wir sind verliebt.
Wir sind ein Bund
Und im Herzen gesund.

Dieses kleine Paradies
Ist voller Harmonie,
Für die ich dankbar bin
Und ehrfürchtig mich verneig.

Ich seh sie an,
Wie sie schlafen.
Ich fühl mich ein
In unser kommendes Leben.

Neues Leben

Auf den Tag genau
Kam sie aus dem Bauch.
Seitdem fliegt sie
Durch ihr kleines Leben
Und lässt uns alle
Glücklich werden.

Ein kleiner Engel
Ist uns erschienen:
Unser Töchterlein.
Sie ist unser Sonnenschein
Und ich hab schon vergessen,
Wie mein Leben war,
Bevor meine Frau sie gebar.

Sie gehört zu mir
Wie der legendäre Name an der Tür.
Sie ist mein Juwel
Und immer quietschfidel.
Sie ist der Glanz in meinen Augen.
Mein Fleisch gewordener Traum.
Sie ist mein neues Leben
Und ich kann mich schon jetzt
Kaum noch an das Alte erinnern.

Ich

Wenn sie und Mama schlafen,
Kann ich an meinen Träumen arbeiten.
Mit Baby ist alles anders,
Doch meine Träume sind gleich.

Ich war, bevor meine Frau
Unseren Engel gebar.
Ich war ein Mensch
Mit Hobbys und Träumen.
Auch als junger Vater
Muss ich ihnen Platz einräumen,
Denn sonst wird Frust
Und Depression zum Lohn.

Ich bin ein neuer Mensch,
Seitdem ich Vater bin.
Zugleich bleibe ich der alte Mensch,
Auch wenn ich jetzt mit Kind bin.

Ich muss mich
Immer noch ernst nehmen.
Ich muss auf mich
Und meine Bedürfnisse hören.
Ich muss mir selbst treu bleiben,
Nur dann werde ich ein guter Vater sein.

Babyparadies

Wenn kleine Träume weben
Und in den Reben der Welt
Zur Wahrheit werden,
Dann ist das Paradies
Quasi wahr.

Hier und jetzt
Hab ich alles,
Was ich will und
Die Krönung meines Lebens
Ist mein kleines Kind.

Sie lacht und ich bleib wach
Und wache über sie,
Während sie friedlich schläft
Und mein Herz beschwert
Von Liebe währt.

Mein Traum
Im gelebten Raum
Dieser kleinen Wohnung.
Gesabber und Gekacker
Und doch das Schönste
Und Außergewöhnlichste.

Eingeholt

Wie gern würde ich meinem Kind
Eine Welt des Friedens schenken.
Wie gern würde ich mir sicher sein,
Dass sie nur Glück erlebt.

Doch wir Erwachsenen kennen die Welt.
Wir wissen um die Abgründe,
Die Schlingfallen und den Verrat
An allen Werten, die heilsam sind.

Eine bessere Welt für mein Kind;
Eine bessere Welt für alle Kinder,
Das ist es, wovon ich träume.
Warum ist mein Traum so fern?

Warum tun sich nicht alle Eltern
Der Erde zusammen und tun alles
Für das Glück und die Sicherheit
Unserer geliebten Kinder?

Sie ist kaum ein Jahr.
Noch immer ist sie zart und
Naiv. Irgendwann holt sie die
Realität ein und dann wird sie
Mich fragen, wie es so sein kann?

Eine Vision

Ich träumte von ihr.
Ihrem dunklen Haar.
Ihrem hellen Teint
Und ihren fragenden Augen.

Wie eine Vision
Kam es über mich,
Bevor sie zur Welt kam.

Diese fragenden Augen
Lassen mich nicht mehr los,
Denn sie traten Gedanken los,
Wer und wie ich als Vater
Sein werde?

Jetzt ist sie da
Mit ihrem dunklen Haar
Und hellen Teint
Und ihren Augen,
Die so strahlen wie meine
Auf den alten Babyfotos.

Familien

Die Standesbeamtin gab uns das Stammbuch
und ich wusste wieder, wer ich war.

Ich bin nicht allein. Ich war immer ein Kind meiner
Familie und jetzt habe ich ihnen Nachwuchs
geschenkt.

Meine Tochter ist nicht nur das Kind ihrer Eltern. Sie
ist auch das neueste Mitglied einer Sippe.

Tanten, Onkels, Großmütter, verstorbene Großväter,
Kusins, Kusinnen ersten, zweiten, dritten Grades.

Da sind so viele, die darauf warten sie zu sehen, zu
berühren und sie in ihr familiäres Herz zu schließen.

Unbekanntes Morgenland

Ihre Zukunft
Ein Gedicht
Und doch ungewiss.

Was wird kommen?
Wie ihr Leben sein?
Welche Abenteuer warten?
Welche guten Seelen
Werden ihr helfen?

Ich kenne nicht,
Was morgen ist.
Ich weiß nicht,
Was ihre Zukunft bringt.

Aber ich weiß,
Ich werde da sein
Und alles geben,
Um ihr das schönste Leben
Zu ermöglichen und
Um ihr den Weg
Zu ihren Träumen zu ebnen.

Vaterliebe

Lachend, schlafend,
Selbst kotzend und kackend:
Ich liebe sie!

Ich liebe mein Kind,
Mein Sonnenschein,
Mein Glück allein,
Mein Strahlen in der dunklen Nacht,
Mein Stern am Himmelszelt.

Mein Herz erweicht,
Wenn sie lacht,
Nachdem ich einen
Spaß gemacht.

Mein Innerstes schreit
Vor größtem Schmerz,
Wenn sie laut schreit
Und weder ich noch
Meine Frau wissen,
Warum sie weint
Und unglücklich greint.

Sie ist mein Juwel,
Mein Schatz, meine Wahrheit
In dieser endlosen Welt.

Kosen

Lebe
Kleines Wesen,
Entdecke
Die Wunder der Welt.

Atme
Kleiner Schatz,
Strampel und
Zeig, dass du da bist.

Lache
Kleine Maus
Und wachse
Gesund.

Genieße es
Kleiner Engel.
Spiele
Mit allen Kids.

Träume
Mein Sonnenschein.
Lebe dein Leben
Nach deinen Wünschen.

Familienbaby

Familie hat sie
In vielen Ländern.
Liebe bekommt
Sie ohne Grenzen.

Zwei Kontinente
Haben ihre Eltern erzeugt.
Zwei Kulturen
Vereinen sich in ihr.
Zwei Herzen verschmolzen
Und sie war das Ergebnis

Familie webt Harmonie.
Ihre Familie streut Liebe.
Getragen von vielen Händen
Wird sie durchs Leben waten.
Gestreut auf ihren Wegen
Die Blumen vergangener Generationen.
Sie lebt und wird
Ihre Geschichten erzählen.

Liebe wächst in der Familie
Bis in die höchsten Himmel.

Baby an Bord

Alle sind nervös.
Sogar das Kind stöhnt.
Der Grund ist schön,
Weil wir auf Reisen gehen.

Es wird ihre erste Reise
In die unbekannte Weite.
Über tausend Gleise
Werden wir das Meer sehen.

Am Ende erwarten
Uns bekannte Arme.
Denn wir fahren
Auch zu Verwandten.

Sie wohnen fern
In Richtung Nordstern.
Wir freuen uns sehr
Auf das Wiedersehen.

Die Koffer sind gepackt.
Im freudigen Takt
Sind wir bereit für
Den fernen Festakt
Und auf das fremde Land
Sind wir gespannt,
Mehr noch wie es mitsamt
Baby ist zu reisen.

Abschließende Fragen

Kaum zehn Wochen
Und schon frag ich mich,
Wohin treibt ihr Licht
In diesem Leben?

Wer wird sie sein?
Wie wird sie sein?
Wovon wird sie träumen?
Was lässt sie glücklich schäumen?

Alle Eltern fragen sich,
Was wird aus meinem Kind,
Falls ich mal nicht mehr bin?

Niemand kennt die Antwort.
Niemand weiß, was geschieht.
Am Ende bleibt nur eins:
Dass wir unseren Kindern
Alle mögliche Liebe geben!

Bahnchaos

Für den Kinderwagen
Auf den Gleisen
Brauchst du Fahrstühle
Und Platz auf Reisen.

Zu schmale Gänge.
Zu viele Leute.
Zu viel Geschrei.

Mal eben windeln
Auf windigen Bänken
Auf den Bahnsteigen,
Weil der Zug verspätet kommt.

Mal eben stillen
Unter dem Schutz
Der Babydecke.
Improvisieren ist das Rezept
Und Frustrationstoleranz.

Schlaf bitte!

Schlaf, Kindlein schlaf,
Deinen Eltern fehlt die Kraft.
Schlaf, Kindlein schlaf,
Denn auch wir liegen flach.

Rundum Service.
Rundum Betreuung.
Rundum Dienst.
Einmal um die Uhr herum
Tun wir alles fürs Baby.

Wir sind immer da.
Wir sind immer wach.
Wir kümmern uns jederzeit
Und sind allzeit bereit.

Drum schlaf, Kindlein schlaf,
Denn deine Eltern sind schwach.
Deshalb schlaf, Kindlein schlaf,
Denn wir brauchen neue Kraft.

Mukyala

Liebe:
Trieb zum Ziele
Und zur Geburt
Unserer Tochter.

Ich liebte dich,
Bevor das neue Licht
In unsere Welt trat.
Ich liebte dich,
Bevor ich mich
In unsere Tochter verliebte.

Unsere Liebe war wahr
An jenem legendären Tag,
Als wir sie zeugten und
Sie war wahr, als sie gebar
Und sie ist wahr
Am heutigen Tag.

Liebe ist
Die Wiege
Unserer Tochter.
Liebe ist das Licht
In jedem Augenblick.

Ein Tag veränderte alles

Jener Morgen
Als die Fruchtblase platzte.
Jene Nacht
Als meine Frau gebar.
An diesem einen Tag
Hat sich mein Leben für immer verändert.

Voll Blut und
Mutterschleim,
Zart und klitzeklein,
Kam dieses kleine
Wesen in meine Welt
Und hat alles auf den Kopf gestellt.

Mein Leben war vorher so lala,
Aber seitdem ist alles wunderbar.
Mein Leben hatte viele Tiefen,
Aber wenn ich jetzt in ihre tiefen
Braunen Augen blicke,
Dann spüre ich das Paradies
Und es ist genau hier.

In der Fremde

Urlaubssonne.
Kleines Paradies,
Wenn auch das Baby genießt
Und Eltern sich entspannen können.

Alles ist fremd.
Alles ist schön.
Selbst Baby tut
Sich überall umsehen.

Fremdes Land.
Fremde Leute.
Fremde Sprache.
Ein fremdes Gefühl
Mit dem Baby zu verreisen.

Doch die Sonne strahlt
Und das Baby lacht.
Windeln wechseln auf der Bank
Am Fluss, wo Statuen stehen.
Jeder Tag ein Genuss.
Und einen Kuss fürs Baby.

O Tochter

Meine kleine Sonne.
Mein Juwel
Mit den braunen Augen.
Mein Lächeln
In einer dunklen Welt.
Mein Atem,
Der mich am Leben hält.

Tochter O Tochter mein
Unser Weg soll Legende sein.
Tochter O Tochter mein
Wir werden episch sein.

Mein Ozean der Liebe.
Mein Oheim tiefer Triebe.
Mein heiliges Opfer in der Wiege.

Tochter mein. O Tochter.
Das du bist immer glücklich.
Tochter mein. O Tochter.
Das du wirst immer weiser.
Tochter mein. O Tochter.
Das du siehst unsere Liebe,
Aus der heraus unsere kleine Familie,
Dir Nest und Wärme gibt.

Momente

Wenn jeder Moment
Ein Geschenk geworden ist,
Dann weil wir Eltern
Geworden sind.

Wenn in jedem Moment
Die Sonne scheint,
Dann weil unser Baby lacht
Und nicht weint.

Wenn jeder Moment
Zu einem Gedicht wird,
Dann weil sie lebt
Und uns beglückt.

Wenn jeder Moment
Noch kostbarer ist,
Dann weil sie mit uns ist
Und wir sie lieben.

Babypoesie

Die Nächte,
In denen sie durchschläft,
Sind zart wie Tautropfen
Im Regenbogen.

Ihr Lächeln
Bewegt die Wellen
Ganzer Ozeane
Und treibt die blühende
Fantasie in jedes Surferherz

Ihr Duft ist
Süß wie der Jasmin
Und ein Gedicht
Auf den Lippen alter Meister.

Die Wogen ihres Haares
Sanft wie der Samt
Und edel wie die Seide.
Ihre zarte Haut
Wie kostbares Pergament
Aus dem Orient
Und ihre Lippen
Werden einst Lieder singen,
Die ewig in den Herzen
Der Liebenden nachklingen.

Honeymoon

Familie bedeutet
Wahre Liebe.

Familie ist
Der größte Sieg.

Seit dem Tag
Als meine Tochter gebar,
Fühlt sich mein Leben
Erst wahr an.

Des Babys Magie
Ist wahre Harmonie.

Meines Babys Gabe
War das Zünglein
An der Waage
Zum Paradies.

Ein Wunsch

Ich liebe sie,
Aber was wird
Die Zukunft bringen?

Überall lese ich
Und höre ich
Von Paaren, die sich
Scheiden lassen.

Es macht mir Angst
Und es macht mich schwach.
Gerade haben wir ein Kind bekommen
Und ich will ihm garantieren,
Dass seine Eltern für
Immer zusammenbleiben.
Aber was die Zukunft bringt,
Weiß ich nicht.

Ich hoffe, bete
Und wünsche mir sehr,
Dass wir für immer
Eine vereinte Familie sind.

Während sie schläft

Jeder Moment
Ist ein Geschenk.

Immer wenn sie erwacht,
Muss ich lachen
Vor reinem Glück.

Wenn sie weint,
Will ich schreien,
Weil mein Herz aufweicht.

Jeden Tag ist wahr,
Was einst nur ein Traum war.

Ich habe alles gewonnen,
Weil sie in mein Leben gekommen
Ist und bei mir bleibt.

Mein Glückskind ist
Mein strahlendes Licht.

Über den Autor:

Ich war nichts ohne sie.
Ich war ein niemand ohne sie.
Ich lebte im Nirgendwo ohne sie.